JN440696

이슬에 젖는 밤

이원문
제35집

이슬에 젖는 밤

이원문 지음

책나무

| 차례 |

제2부

제1부

방랑의 가을

하늘 높이 바라보니
홀로의 몸 외롭고
굽어진 길 걷자 하니
세월에 서럽다
꺼진 한숨 추스려
다시 걸어보는 길

허수아비 무시하나
들녘에 참새 떼
무엇이 무서워
이 몸 보고 날아가나
비벼지는 수수 잎
그 소리에 날 저문다
저 해 떨어지면 어디로 가야 하나

성묘 가는 길

추석 전 분위기에 즐겁고
추석 당일에는 음식에 즐겁다
술에 떡에 갖가지 차림 상
차례 상 물려놓고
이야기 나누는 식구들
들어온 상에 모두 모여 앉으니
손자 손녀 재롱에 더 웃음꽃 피어난다

며느리들 불편할까 눈치 빠른 할아버지
얼른 들고 자리 비우시더니
내 먼저 산에 가 있을 테니
너희들은 아이들과 천천히 오너라
하시며 자리를 뜨신다
무거운 마음으로 먼저 성묫길에 오른 할아버지
할아버지 마음을 어떻게 읽어 드릴까

오르는 길 논밭 둘러보고
남은 비탈밭 다시 둘러보는 할아버지
세월 끝자락에 나눔의 계산이
할아버지 마음을 무겁게 괴롭힌다
모르는 자식들 아이들과 할아버지 할아버지
손주 놈들 메아리에 다시 한번 실린다

추석 생각

어려운 세상

힘든 시간

밤낮없이 벌어도

모아지지 않고

아끼며 줄여도

쓸 곳 먼저 생긴다

늘어나는 살림살이

불어나는 빚더미

부모님 뵙기에 얼굴 뜨겁고

이웃 부끄러워

어떻게 고향 가나

월세방

전세의 꿈 며칠이고

내 집 마련은 몇 년인가

해 일찍 떨어지니

근심의 밤 길어지고

죽여 본 숨소리에

달력 한 장 넘어간다

가을 우체통

살며시 떠오르는
못 잊을 얼굴
이 편지 쓰기를
몇 번을 찢었나
보낼 주소 없는 편지
그렇게 썼는데
우체통 앞 서성이며
누가 볼까 하는 마음

넣을 수 있어도
넣을 자신 없고
용기를 내어도
넣을 수 없는 편지
우체통 앞에 어리는
수많은 날의 기억들
차라리 접고 접어
코스모스에 끼우련다

겁 없는 이혼

꿈속의 징검다리

세상은

내가 보는 눈과

다르다

그 소리도

다르고

가을

빗속에 스며드는
조용한 시간들
여름 잃은 풀 잎새
연둣빛 물들이고
고개 숙인 씨앗마다
그 세월을 읽는다

멈춰선 계절이
가을이라는 이름인가
하늘 높이 뭉게구름
흩어져 흐르고
그 파란 들녘
황금빛 물든다

풀죽은 나뭇잎
뻗어 갔던 넝쿨들
마지막 꽃 들국화
꽃봉오리 트이면
오색 단풍에 찬 서리
이것이 가을인가

가는 세월

고목의 부엉이
밤새워 울던 날
한낮 문풍지 바람에 울었고

눈 녹인 산 움틀 무렵이면
소쩍새 울음
보리밭에 앉았었다

짝지은 제비
먼동 부르느라
추녀 끝에서 짖어댔고

높고 낮은 기러기 울음
가을 달밤 외기러기
산 넘으며 울었다

가을 아이들

비바람 한차례

스쳐 가는 밤

하늘에 별 모아

주머니에 나누어 넣고

소쿠리 메뚜기 병

어디에 두었나

밤잠 못 이루고

내일을 기다린다

동무의 가을

동무야
어디서 어떻게 살고 있는지
나 잊지 않았겠지
너와 나의 비밀도

나 메뚜기 꾸러미 들고
수수밭 지나는 길이야
사이에 콩밭도 있고
그때처럼 아이들도 없어

개울 건너 알암 주우면
너에게 반 나누어 줄게
네가 나에게 준 것만큼
아니 더 많이 줄게

마지막 일기

그렇게 왔다

그렇게 가는 인생

무엇을 얻고

무엇을 잃었나

때 앞에 움츠린

길가에 방초처럼

얻었어도 잃었어도

그렇게 가는 것을

손톱 깎던 날

화롯가에 앉아
밤새워 옷 지으시는 어머니
등잔불에 타는 세월
첫닭 울음에 꺼져가고
화롯불 식어가니
아랫목도 식어간다

손톱 부러졌다
내민 손 거두시는 어머니
손톱은 밤에 깎는 것이 아니라
낮에 깎는 것이라 하신다
묵직한 가위로 자르는 어머니
부스럼 머리도 함께 잘라주신다

상처의 추석

달 속에 그려 있는
나만의 기억들
며칠의 웃음
흐려져 가는데
눈물은 그대로
계수나무에 걸쳐 있다

지워지지 않을
미웠던 눈물들
그때 나를 누가
그리 미워했었나
누더기의 가난 때문에
아니면 세월을 가르는 시간을 모르고

저 보름달 넘어갈 때
나도 함께 넘으련다
넘어가 흐린 웃음
다시 그려 걸쳐 놓고
못 지운 미움 내려
그 밑에 묻으련다

구름 형제

산 넘는 구름아

넘는 산봉우리에

쉬었다 가고

네 건너는 강

뒤돌아보지 마라

가을 냇가

계절의 가르침에
시드는 수초들
멈춰진 물 그대로
고여 있는데
물속에 구름은
어디론가 흘러간다

휘젓는 고기 떼
심통을 부리나
물속의 구름
흙 놀로 지우고
몇 송이 꽃 찾아
양지로 모여든다

첫정

그 사랑만 못한 사랑
꺼내면 꺼낼수록
달빛에 어리고
감추면 감출수록
꽃잎에 숨는다

가슴 깊이 숨어 있는
먼 먼 날의 그날들
걷는 이 길도 그만 못하고
미움도 미소도
그만 못하다

고봉의 가을

흘러간 세월에
남아있는 기억들
때는 그때인데
저 달만 알고 있다
사발 계곡에
진간장 흐르고
눈물에 패이니
바닥이 긁힌다

소리에 바라보는 어머니
그 눈빛 누가 알랴
이 가슴에 못 박힌다
투정에 싸움질
다시 바라보는 어머니
어머니의 그 마음
모두 헤아려 드립니다
어머니 어머니

뜨락의 밤

뜨락에 쏟아지는

별을 줍는 마음

손톱 달 살짝이

지붕 아래 내려본다

저 달이 들어차면

무엇을 그려줄까

떨어지는 낙엽 한 잎

어둠에 묻힌다

추수

논밭 갈이에 소모는 소리
지게꼬리에 묶인 아이
그 서럽던 울음 멎었구나
에미 찾는 송아지 울음도 멎었고
쓸쓸히 기우는 원두막의 적막
뜸북새 뻐꾹새 울음 들리는 듯

황금 들녘 참새 떼 무리
건너 날기에 바쁘다
저 한쪽 궁굴통 소리
먼 메아리에 고요히 퍼지고

흙장난에 아장아장
봄날에 묶였던 아이
언제 엄마 찾을까
석양에 벼 가마니
노을에 쌓여간다

세상사는 이야기

어떻게 살았나
뒤돌아보셨나요
어떻게 살 것인가
앞을 바라보세요
걸림돌에 넘어지고
막힌 벽 못 넘어
돌아가지 않았나요
주저앉은 그대로
무서운 위험도 있었고요
미끄러져 다시 일어나기까지
마지막에 짚은 허공
잡히는 것이 있던가요
욕심에 채우려다
못 채우고 가는 인생
채워도 채워도 부족한 인생
욕심도 아니면서 허덕여야 하고
채워도 그 욕심 그대로 있던가요

제2부

가을바람

따가운 양지의 볕

음지 되니 서늘하고

음지에 볕 드니

따갑던 볕 따듯하다

먼 산 들녘 스쳐 온 바람

서늘하여 옷 찾으니

어느덧 가을인가

느낌도 마음도 움츠려든다

홀로의 가을

잊었는지
잃었는지
가을은 언제나
쓸쓸한 것인가

무엇을 잃고 잊었는지
그저 허전함뿐이고
내디뎌 걷는 길
무겁게 느껴진다

저 하늘의 그림들
붓 흘림으로 그린 그림
흩어지고 띠두름은
이 길에서나 볼 수 있는 것인지

코스모스 길

걷는 길 돌아보면
아무도 없고
올려본 파란 하늘
더 높아진다

흩어진 구름마다
이름 없는 그림들
바뀌는 저 아름다움
누가 그려 놓았나

이렇게 바라보면
이런 생각 떠오르고
저렇게 바라보면
저런 생각 떠오른다

까마귀의 가을

봄에 울던 너의 울음
계절이 없구나
꽃 피는 춘삼월
버드나무 춤추던 날

하루 사이 모시 적삼
삼복 땀에 젖어들고
뻐꾹새 뜸북새 맹꽁이까지
한 세월 읽는구나

네 여름 보내고
옥수수 잎 비벼지던 날
툇마루 밖 풀 잎새 흔들어댔고
이 권 부채 내려놓으니

멧갓 들녘이 시들어 가는구나
매달린 씨앗 세상
마지막 꽃 들국화
외기러기 산 넘으니

지붕 위 된서리가
내 머리에 앉는구나

나도 시드는 지
병들어 누워야 했고

가을 먼동

새벽 냉기 서늘하니
찬 이슬 내려앉고
동녘에 북두칠성
달과 함께 반짝인다

별자리 하나 맡아보면
옆자리 별 또 보이고
모르는 별자리
아는 별자리

여기저기 커다란 별
반달과 내려본다
뒤돌아본 서쪽에는
어찌 별이 안보일까

쓰고 싶은 편지

이 가을 누구에게
어느 사연을 쓸까
어제까지 많은 사연
기억에 없고
귀뚜라미 읽고 싶어
밤새워 운다

기억에 있다면
찾을 수 있을까
찾고 찾아도
떠오르지 않고
쓰고 찢는 편지에
얼룩만 진다

천고마비(天高馬肥)의 슬픔

말아
네 여기 온지 몇 년이 되었지
아마 내가 알기로는 3년 하고도
몇 개월인데 그것이 맞을 거야
나이로는 2살 되어서 왔으니까
지금 현재 5살이 구나
그냥 6살이라고 치자
사람 나이로 본다면
청춘이 지났지 힘 못 쓰고
그런데 그것이 문제가 아니고
네가 여기를 떠나야 한다는 것이
문제이자 슬픔이로구나
재롱 덩어리인 너 사랑스러웠던 너
점잖고 나를 잘 따라 주었지
때 되면 밥 달라 끙끙대고
지나치면 뭐 주나 하고 눈길도 주었지
등에 오르면 잘 타라 서 있었고
비벼대고 내 품에 머리 묻고 졸았던 너
우리 둘이 얼마나 깊은 사랑이었니
나도 너에게 남몰래 먹을 것
많이많이 챙겨 주었고
너밖에 모를 우리의 사랑

이 가을날 네가 떠나야 한다니
마음 아프길 그지없구나
그것도 모르고 너는 나에게 그렇게 안겼지
오늘이 바로 네가 떠나는 날
가는 곳은 제주도 어느 도살장인데
발 삐었다는 이유로 차에 오르게 되는구나

인생언덕

길고 짧은 우리의 인생
살아보니 어떻던가요
많이 힘들었지요
때로는 가면도 써야 하고
거짓 해야 함은 물론
옳아도 인정을 안 하니
옳지 않아도 따를 수밖에요
쓴 가면과 거짓은 하고 싶어 했나요
그렇지 않잖아요
피해야 하고 상처가 될 것 같아 했던 것인데
주위에서 무어라 하던가요
욕심에 담은 것처럼 몰아세우고
손가락 질 하지 않던가요
그 사람도 그렇게 했으면서
아니한 것처럼 누명 까지 씌우면서요
이해는 둘째 치더라도
처지에 놓이면 마찬가지인 것을
마치 아니 할 것처럼 표정까지 바꾸지 않던가요
이웃 인생 빌려 살고
남의 세월 얻어 살면서
어떻게 하던가요
처음부터 그렇게 살아온 것처럼

행동 행세하지 않던가요
인생은 다 누구나 바뀔 수 있고
처지에 놓이면 그럴 수밖에 없는데
삭지 않을 고무줄 쥔 것처럼
그러지 않던가요
길고 짧음에 놓인 인생
보고 듣는 것이 잣대인 줄 모르고
마냥 길고 길 것처럼 요

항구

떠나는 배는
흔적을 지우는데

실은 이 몸은
물거품만 보았다

바위섬의 석양

저 멀리 은빛 물결
석양에 반짝이고
섬 건너는 외갈매기
눈에서 멀어진다

흩어져 보이는
큰 섬 작은 섬
들려오는 소리
뱃고동이 아닐까

먼바다의 수평선
오는 배 안 보이고
큰 섬 너머 작은 섬
섬 노을에 묻혀간다

벼 이삭의 꿈

벼 이삭 하나에
낟알이 몇 개인가
어제 줍고 오늘 줍고
내일은 어디로 가나

주워 모으니
말가웃이 되는데
방앗간 아저씨가
찧어준다 받아 줄까

찧어 준다면
몇 됫박의 쌀이 될까
한낮에 뜨겁고
저녁 무렵 싸늘하고

석양이 가르치는
인생 공부의 하루
배고픔도 배우고
눈물도 배웠다

섬마을 선생님

인천항을 떠나는
뱃길 몇백 리
찾아간 대이작도
2시간이 짧았다

영화 촬영지로
블록의 폐허 건물
잡초 무성한 손바닥 운동장
작은 교실 하나에 뜯어진 칠판

겨우 누울 수 있는
조그마한 쪽방 2개에
솥 하나로 나무 때었던 부엌
내려 보이는 재래식 화장실

그 당시 학생은 몇 명이었고
총각 선생님의
꿈은 무엇이었나
밀려오는 파도 순정을 찾는다

억새꽃 그리움

바람 따라 오른 언덕

내가 누구인지 모르겠어요

나의 마음도 모르겠고요

보이는 저 강물은 알고 있겠지요

은빛 그리움 강물에 띄우고

여기 이 자리를 떠난다면

나 이 언덕 다시 찾을 수 있을까요

다음을 기약 하는 억새꽃처럼요

등불의 가을

부자와 가난의 밤
초가집의 가난은
등잔불이 비추고
기와의 부잣집은
남포등이 비춘다

기와집 마당 가득
벼 가마 쌓이는 밤
초저녁 타작 소리
어찌 멎지 않을까
기다림의 아이들
스르르 잠이 든다

두고 온 이름

돌아보는 지난날
옛날이 그립고
추억 속에 어린 시절
이 가을에 묻는다
누가 나를 가까이할까
추억이라 하기보다
뼈아픈 그 날들
누더기 못 벗은 옛 이름의 나
기억해 주는 사람이 있다면
지금도 누더기인 것을
누가 기억하고 기억해 줄까
해준다 해도 그 이름인데
찾아도 나는 그날에 있을 것이고
날마다 멀어지고 멀어져 가는 날
오늘도 나의 소식
누구인가 전해 들으렴 만
내 기다리는 것도 아닌데
소식이 없다
알면서 없는지
옛 이름이라서 없는지
그 옷 벗어도 찾는 이 없다
이제 때때옷 입은 나

불러도 찾아도 이 때때옷
보이고 싶지 않고
모습도 이름도 그날에 두고 싶다

구름의 길

넘는 산
지나는 들
어느 곳에
머무를까

강 언덕
억새꽃
바람에 눕고

나루터 뱃사공
손 가리며
올려본다

다람쥐의 꿈

가을 깊어라
다람쥐 꿈꾸는
고요한 밤
주고받는
귀뚜라미 울음
높고 낮구나

저 밝은 달
산 넘으면
누구의 알암일까
따가운 송이는
나의 것이 될 것 같고

철새의 봄

당신은 당신의 세월이
어떻게 흘렀는지 알고 계십니까
어디로 가는 인생이고
어떻게 지나왔는지 알고 있고요
무엇을 위해 어느 것을 바라보고 왔는지요
하나의 목숨 위해 지나온 것은 아니겠지요
하룻밤에 맡겨진 꿈이라면
그 꿈이 이루어지던가요
알 수 없는 팔자 운명이 데리고 가는 길
지나오고 따라가니 어떻던가요
이루고 싶은 꿈 하나에 매달린 인생
기다려야 할 때인지
보내야 할 때인지
발버둥 쳐보니 어떻던가요
나뭇잎 털어내는 나뭇가지처럼
조바심에 때를 기다려도
다 털어지던가요
얻은 열매에 만족했고요
팔자는 그렇다 해도 운명에 맡겨야 하는 것이
인생이고 일생이 아닌지요
어제도 오늘도 하루해 저물 듯 저물어 가는 인생
버려야 할 것 못 버리고 채우다 가는 인생

돌아보고 바라보니 어떻던가요
석양에 해 떨어져 밤이 되는 것을요

단풍

하늘 높이
구름 높아라
흩어진 구름 사이
띠구름 두르고
드러나는 들녘 멀리
단풍 곱게 물든다

낙엽 굴리는 가을바람
온 세상 그림 세상
누가 어떻게
무엇으로 그렸나
그림 속에 젖어드는
추억에 그날들

먼 하늘 바라보면
그리움에 젖어들고
앞산 단풍 둘러보면
그 시절에 머물러진다

억새꽃 사랑

그리운 사랑 찾아
억새밭 가는 길
모습은 있는데
이름이 없어요

흐르는 구름 따라
여기까지 오기를
나 억새꽃 되고 싶고
가을꽃으로 남고 싶었어요

혼자만의 사랑
외로운 그리움
이 억새꽃 언덕에
가을꽃으로 피울래요

제3부

잃어버린 오후

새벽 출근 일터로 가는 길
맑은 공기 조용한 세상
그 들끓는 사람 다 어디 갔나
아우성 없는 고요한 새벽
올려본 하늘에 총총한 별 내려보고
마지막 귀뚜라미 울음 하나둘 잦아든다

오늘 일터에는 어떤 일이 벌어질까
말 조련하다 보면 별일이 많은데
조련을 거부하는 말들이
없던 행동 잔꾀나 부리지 않을까
말 얼굴 하나하나에 하루를 묻고
직장 문 두드려 말 모습 바라본다

말썽꾸러기 꾀쟁이 먹보에
사랑 찾는 말 조금 아픈 것으로 엄살 하는 말
모두 꺼내어 조련 훈련 마치고
사람도 꾀가 나 오후를 기다린다
말 밥 기다리는 말 눈치와 무엇이 다를까
해님이 위해 일터 문밖을 나선다

세월의 산

가을인가 싶어 단풍 모으며 오르는 산
등산 위해 오르는 높은 산이 아니고
좀 높다 하는 고향 뒷산에 오른다
오르는 가장자리에 없어진 옛길 흔적마다
거둬 둘러메던 칡넝쿨 설켜 있고
굴 청 언저리에는 빨간 열매의 찔레 넝쿨이 엉켜 있다
그리고 군데군데 돋아난 억새 포기들
쇠풀에 반가웠던 억새 포기
꽃보다 포기에 더 관심이 모아지고
피어난 억새꽃 속에 그 시절을 묻는다

없는 길에 이리저리 둘러보노라면
나무 짐에 올려질만한
삭정이 죽은 나무 베어 달려 때던
잡가장이 풀 모두 그 지게에 올려져있다
그때를 거슬러 길 만들며 오른 산
눈높이 벗어나 한눈에 내려다보이고
없어진 들길 샛길 들녘에는
곧게 뚫린 도로에 집만 빼곡히 들어서 있다
산등성이에 올라 내려 보이는 복잡한 세상
이제 그 옛 지게 내려놓고
저곳에서 그렇게 그렇게 살아야 하나

가을 마음

서글픈 마음에
거리를 나서니
밟히는 낙엽에
눈물이 흐른다

어제의 푸르름이
오늘에 낙엽 되어
아직 떨어지기에
남은 시간이 있는데

단풍 한번 제대로
물들여보지 못하고
오그라져 떨어지기까지
누가 저렇게 못 견디게 만들었나

남자의 가을

내 마음 같지 않은 거친 세상
빈 주머니 위해 땀 흘려야 했고
지지 않을 경쟁에 신발까지 바꾸었다
늘 그렇듯 부끄러워 가리고 어둠에 숨긴 세월
이제 둥지의 부족에 문밖으로 내몰려
얻기 전보다 갈수록 더 몰려야 하고
마음까지 빼앗겨 하늘을 바라본다
믿고 믿은 세상 몰아내기 위해 이 몸을 속였나
쓸쓸한 바람마저 옷 벗기려 들고
겨우 가자하는 곳이 저 억새밭 인가
돌아보고 올려보고 앞을 바라보는 나
헝클어진 머릿결에 석양이 빗 올린다

가을 파도

지난날 모아
찾은 백사장
휩쓰는 파도에
그 날을 넣어야 하나

오다 부서지고
밀려와 부딪치고
물거품에 어린 모습
몇 번 부른 이름인가

조개껍데기 모으며
뒤돌아보는 마음
쌓이는 그리움에
이름만 쓸어 가네

가을 이별

그다음 모두를

어떻게 말을 해야 하나

무엇으로 지우고……

홍시의 밤

비 내리는 가을밤
외양간 소 뒤척이고
문간 검둥이 줄 끌어당긴다
고무신 물어 마루 밑에 넣으니
나 아닌 누가 줄을 풀어줄까

밤새 내리는 굵은 비 가는 비
바람까지 불어 홍시 떨어뜨리는 밤
누구네 집 담 찾으면 얼마나 주울까
떨어져 깨진 것은 내가 빨아 먹고
풀숲에 성한 것은 할머니 드렸다

받고 싶은 편지

깊어 가는 이 가을
누가 나에게 편지 한 장 붙인다면
나도 바로 붙여 줄 것인데
기대한 만큼 받을 곳 없고
답장을 쓴다 해도 사연이 너무 많다

쓴다면 무엇부터 어느 말을 써야 할까
외로움에 그리움은 어느 줄에 넣어야 하고
얼룩져야 할 편지 한 장
보내고 싶은 밤
받지 못한 답장에 은하수 길 걷는다

세월의 강

하늘을 보셨다면
무엇을 보셨습니까
땅을 보았다면
무엇이 있었고요

둘러본 내 몸에
무엇이 남았습니까
철 따라 두른 옷이
그대로 있던가요

세월 따라가는 몸에
마음도 따라가던가요
보고 듣는 소리에 얼룩지는 인생
웃어도 울어도 길고 짧을 것인데

억새꽃의 일기

비바람의 여름날
누가 나 찾는 이 있었나요
아무도 없었어요

이제 꽃 피워
그 바람에 눕는 언덕

그리움에 나 찾은 이
나 안아 주세요
이 강가 바람 멎을 때까지

가을 휴일

문밖을 나와 나서는 마음
조용히 어디론가
떠나고 싶다
주섬주섬 넣은 작은 보따리
이 하나의 보따리에
무엇이 들어 있나
떠난다면 어디로
무엇을 찾아 갈까

디딘 이발 어서 가자
마음 끌어당기고
마음은 갈 곳 없어
다시 들어가자 한다
주어진 짧은 시간
어디로 가야 하나
내디디니 먼 곳 가자
그날을 찾는다

어느 낙엽

단풍 옷 갈아입기에 아직 먼 시간
허공을 젓는 낙엽 어디로 떨어질까
이리저리 맴돌며 길에 떨어지더니
조용히 숨죽여 그 자리에 머문다
떨어뜨린 것인지
떨어진 것인지

그 낙엽 세월밖에 더 알겠는가
갉아 먹힌 멍든 잎 바람에 글리고
더 큰바람 불어와 몇 번을 굴리더니
모퉁이로 몰아 몸서리치게 한다
다음에 부는 바람 또 어디로 굴러갈까
밟혀 부서지면 그것이 모두인데

버드나무의 가을

봄 문턱 얼음 깨고
먼저 문을 열었던 너
물오름 트이는 움에
처녀 총각 설레였지
툇마루 밖 너의 춤
아름답구나

늙기 서러워라
백발에 이 빠진 몸
찬 서리에 오색단풍
너는 어찌 때가 없나
오는 겨울 돌아오면
너도 겨울일 것인데

억새꽃 노을

우리 처음 만났던 날
무어라 말했나 기억이 없어요
오늘인 것 같아 먼 시간을 찾는 시간
모습은 그대로 다가오는데

이 억새꽃을 찾아도
생각이 안 나요
지난날 먼 시간
우리 아름다웠던 날

믿었던 그날도
흐려져야 하나요
쌓이는 그리움 그날의 속삭임
나 이제 이 억새꽃에 묻고 싶어요

싸리 골의 외로움

이 안개 걷히면
어느 산을 들어갈까
그제 어제 며칠 전 것은
추리고 나니 얼마 안 되고
오늘 더 베고 나면
그대로 쓸 것 같은데
거둬 놓은 칡넝쿨은
그것으로 충분하고

누가 데려가지 않는 몸
담을 것이 뭐 그리 많겠나
소쿠리 광주리 지게 바소쿠리
서울로 보낸 아이들 몇 개씩 돌리고
내 쓸 것은 진즉 하나뿐인데
내다 팔면 아이들 용돈이나 되려나
오늘도 저녁 해 저물어 가는구나

악사의 가을

어디에서인가 많이 듣던 음악
듣던 음악이기에 그곳을 찾았다
교회에서 나온 선교사 악사들
찬송가는 잘 모르나
그중 편곡으로 부르던
추억의 노래가 발목을 잡는다

그러지 않아도 쓸쓸히 걷는 나
들려오는 몇 곡이 옛 생각을 떠올린다
넋 놓고 바라보며 듣던 음악 듣는 마음
눈시울 뜨겁게 그 시절로 돌아간다
이제 모두 나를 두고 가버린 날
동요 가곡이 그날로 데려간다

가을 돌담

두서너 가닥 담쟁이 곱게 물들이고
넝쿨 얹진 매 잎새 시들어 간다
그래도 남은 시간 며칠이 될까
끝으로 오므린 꽃 펴지 못하고
그대로 양지 볕에 졸고 있다

틈새의 강아지풀 돋아난 씀바귀
낙엽 얹어놓고 무엇을 기다리나
해 떨어져 바람 불면 다같이 춥고
몇 번의 비에 서리 앉힐 것인데

할머니의 가을

앞산 단풍에 또 한세월 잃는구나
부채 내려놓은 지 며칠이나 지났나
담배에 불붙여 앞산 바라보니
한 조각구름 말이 없구나
그 덥다던 여름이 오늘을 불렀나
담에 올린 호박 넝쿨 안팎으로 덮이더니
가는 세월에 어쩔 수 없는지
매달린 애호박 늙은 호박 바라본다

담 둘러보며 중얼거리는 할머니
여기저기 시드는 호박 넝쿨처럼
세월이 별거더냐 때 되면 가야지
늙은 호박 몇 개에 때 잃은 애호박들
계산되는 마음으로 따 담는 할머니
늙은 호박은 켜서 추녀 줄에 걸어 놓고
애호박은 실에 꿰어 광 줄에 매달 것인데
나머지는 광주리째 장독대에서 말려야 하나

켜서 줄에 말린 것은 보름 명절 시루떡에 쓸 것이고
썰어 말린 애호박은 큰딸네 내 막내딸네 내 그리고 둘째 놈
모두 한 봉투씩 담아 줄 계획인데
진즉 할머니 몫은 얼마나 되나

보릿고개에 고생했던
큰딸년 생각에 더 마음 아픈 할머니
호박순 한 줌 따 끓는 밥에 얹어놓고
화롯불에 끓는 된장 문간 보며 저으신다

가을 거울

거울 속 가을이
아름답기만 할까
황금 들녘 바닥 드러나고
몇 며칠의 단풍이
나뭇가지 드러낸다

보이는 아름다움
주머니도 그러할까
떨어진 낙엽 바람이 굴리니
접었던 팔소매
슬며시 내려온다

빈 주머니에 손 넣고 움츠리는 몸
쓸쓸한 마음은 무엇으로 채우나
거울도 모르는 소슬한 바람
어제오늘도 눈언저리 스치더니
지붕 위 서릿발 겨울을 부른다

미련의 억새밭

어제 같은 마음
오늘 더 멀어져 가고
나 여기에 서서
누구를 기다리나

할 말도 기억도
흐려져 가는 나
잊은 날도 아닌데
여기에 왜 왔나

못 잊은 것처럼
옛날을 찾는 나
나 다시 돌아가
그 자리를 찾아야 하나

제4부

아가의 가을

가랑잎 주워
입에 물고 우는 너

뜨락 별에
너는 따뜻했고

나뭇가지 걸친 달에
엄마는 외로웠다

고구마밭 가는 길

산언저리 억새꽃
예쁘게 피었구나
쌀쌀해도 음지의 꽃
더 곱게 피었고

바라보는 억새꽃도
이제 무뎌진 세월
풀 버린 돌뿌뎀이의 꽃
바람에 눕는구나

내일 더 캐야 하는 고구마
아이는 잘 놀고 있는지
여기에 오면 어떻게 하나
개울 건너다 빠질 것인데

거둬 들고 가야 하는 것인지
들리는 울음 내 아이 같구나
억새꽃 모두 산그늘에 덮이고
불어오는 바람 옷자락 접는구나

억새꽃의 미련

추억에 피어 있는
미운 너의 꽃
다음이 오늘 되어
다시 찾았다

너의 꽃 못 잊어
찾아온 억새밭
그날이 그리워
돌아서지 못했다

가랑잎의 밤

서산을 못 넘는 너
뜨는 해 보는구나
일그러진 너 알고 있겠지
묻는다면 너에게
무엇을 물어볼까

가랑잎인 나 밤도 없다
너는 또 내일 차오르건만
오그라든 나
밤새워 굴러야 한다
펴지 못하는 바람이 모는 대로

밤나무의 노을

단풍은 먼 훗날
추억에 물들고
밤나무 밑 알암은
주머니로 들어간다

여러 개의 주머니에
주머니 없는 친구
누구의 옷에
주머니가 더 많을까

누더기 옷 꿰매어
잃어버린 주머니
그나마 있어도
뜯어진 주머니

가시 박힌 손보며
산자락 내려오면
찢어트린 고무신에
보이는 집 멀어진다

오늘

밤이 있어

어둠을 배웠고

낮이 있기에

밝음을 배웠다

사이의 시간은

무엇을 가르쳤나

서리

순리에 따르는
가엾은 생명들아
봄여름 너의 꽃이
꿈이 아니었던가
눈 감고 탈을 써도
그것이 꿈이었고

생명은 잠깐 빛에
시달리다 시드는 것
흙 속이나 밖이나
무엇이 다를까
나오고 들어가도
그마저 꿈인 것을

띠구름의 밤

바닷길 멀리
서쪽 하늘 닿은 듯
띠구름 밖 하나둘
숨은 별 쏟아진다

달빛에 어리는 산
가을 밤하늘
안쪽의 먹구름은
드러난 갯벌인가

이렇게 바라보면
해안 길 같고
저렇게 올려보면
밤바다 같다

풍경소리

천 년을 들어도
풍경이 모은 소리
그 소리에 보아도
떠난 세월 다시 온다

보내면 돌아오고
흘리면 들려오고
풍경에 담은 소리
구름은 듣고 가나

새소리 물소리
바람이 지우니
법당 안 스며든 빛
어둠을 찾는다

담쟁이의 가을

오르려 해도
오를 곳 없고
뻗으려 해도
더 갈 곳 없다
가뭄의 짧은 담
마지막이 이것인가

비 한 모금 못 얻고
뻗고 뻗은 시간들
목마른 세월에
그 얼마나 힘들었나
이제 그마저 뻗을 힘없고
물들인 잎새 하늘을 바라본다

어느 가을날

시절로 돌아가
그 시간을 찾는다
벼 이삭 줍던 날
지붕 위 된서리
하얗게 내려앉고
담 넘어 나뭇가지
단풍잎 흘린다

이제 겨울이 오는 것인가
어느 양지가 더 따뜻할까
퍼 올린 두레박 물 차갑지 않고
흩껍데기의 우물 둥치
겨울이 걱정 된다

저 해 넘고 바람불면
더 쌀쌀할 것인데
궤짝 안 겨울옷을
꺼내야 하는 것인지
앞 뒷산 울긋불긋
아름답기보다
마음 한 곳 양지에
구름이 드리운다

아가의 파도

고깃배 들어오면
때때옷 사러 가고
엄마의 굴 바구니
큰 감자 쪄준다

모래 물에 두꺼비집
몇 개나 지었나
멀리 밀물 온다
갈매기 맴돌고

아득히 오는 모습
엄마의 걸음인가
두꺼비집 뒤로 하고
보고 싶어 달려간다

고향 일기

귀뚜라미 울음도
참새 떼의 들녘도
이제 다 멎고
허수아비 누우니
흩어진 참새
마을을 찾는다

깊어 가는 가을
단풍이 며칠일까
나뭇가지 드러나면
바람부터 차갑고
그다음 소나무 우는 소리
문풍지 우는 날
부엉이도 울 것인데

낙엽의 편지

먼 옛날로 흘러간 시간들
친구야 나 잊지 않았겠지
어디서 어떻게 살고 있는지
봄부터 여름 이 가을에 겨울도
너와 함께 찾아오는구나

우리 냇가로 산으로 뭐 하고 놀았지
미운 네가 보고 싶어 단풍잎 하나 주웠어
그 후 삶이 갈라놓은 너와 나
이제야 미운 너를 세월이 말해주는구나
욕심이 그렇게 만들었다는 것을

네 입과 내 입 무엇을 그렇게 더 넣겠다고 그랬는지
내려 보는 나무가 얼마나 웃었겠니
그 부끄러움을 오늘에서야 알겠구나
줍고 주워 주머니에 채울 것 많은 이 가을
단풍잎 하나로 너의 마음을 읽어 보는구나

음지

잠깐의 볕 양지에
그림자 따르더니
내딛는 한 발짝에
해 기울어 그늘진다

언제나 그렇듯이
흐르고 흐른 세월
그 다음의 천 년도
그렇게 흘러가나

사람의 마음부터
얼어붙고 녹는 계절
음지의 법당 뜨락
넘는 해 바라본다

아가의 낙엽

이 아이를 두고 어떻게 장에 가나
열흘 장에 다음은 큰 일이 있고
오늘 못가면 너무 먼 장인데
그날따라 날 궂으면 더 멀어지지 않겠나
이제 타작도 끝났겠다 마지막 콩도 털어 놓았는데
떨어진 비누에 굵은 실도 사야하고
대바늘도 사야 이불을 꽤매는데
잠든 아이 두고 가야 하나 말아야 하나
그래도 가야 했기에 찐 고구마 방에 놓고
쌀 한 말 퍼 이고 부지런히 가야 한다
살 것 많으니 장 한 바퀴에 무엇을 사고 안살까
집었다 놓았다 또 집어보고 사고 싶은 것 많은 장
살 것 사고 나니 돈이 모자란다
세상에 못 갈 때가 가을 장이 아닌가
무엇이 그리 많이 나왔는지
흥정꾼 구경에 약장사 입담까지 넋이 나간 장
사 들은 것 없어 부끄럽기도 하고 샛길로 오다
어려서 남의 집 보냈던 몇해 만의 친구 만나
이 이야기 저 이야기에 해 기우는 줄 모르다
문뜩 떠오른 아이 생각에
그 보채는 아이 울음 가슴에 넣는다

부모의 가을

봄부터 여름을 허겁지겁 보낸 시간
지붕 위 서리 하얗게 내려앉고
그 곱던 단풍 나뭇가지 잃는다
드러난 들녘도 벗겨지는 먼 산도
언제 물들었었나 추수에 못 보고
마음 한 곳 근심만 남모르게 가득 찬다
흐린 날에 부는 바람 겨울옷 찾자 하나
이제 남은 긴긴 겨울 쌓이는 눈 어떻게 녹이나
옷깃에 스친 바람 마음을 춥게 한다

저 철없는 아이들 세월이 무엇인지 알고나 있는지
큰아이 보낼 걱정 작은아이 나이 걱정
넉넉지 못하니 또 한 해가 가는데
소 팔아 보내면 봄 농사는 어떻게 하나
빚지면 그 빚 안 갚을 것도 아니고
세월은 단풍으로 아이는 늦가을로
이 부모의 마음 저물녘이 데려간다

소라의 가을

잃어버린 지난날
외로운 그리움
이 모두 오늘 위한
꿈이 아니었겠지요

부딪치는 파도 소리
휩쓸리는 백사장
다녀간 이 없어도
다시 부서지지 않고요

갈매기 머리 묻고
움츠린 것처럼
이 옷깃 여미면
나 춥지 않겠지요

방랑의 낙엽

세상은 눈 안으로 석양에 스치는데
많은 길 디뎌보면 나의 길이 아니다
딛고 디뎌보면 돌아서야 하고
허기에 바라보면 돌아가야 하고
무엇을 찾아 어디로 가는지
가랑잎 떨어져 머리에 앉는다

봄날에 꽃 잃고 여름날에 벗은 옷
추워 찾으려 하니 어둠이 가리고
주우려 둘러보니 저 산은 벗는다
세월은 이렇게 내 몸까지 춥게 하나
아버지 등에 업혀 떠돌다 남은 몸
업힌 등 고향 찾아 아버지를 불러본다

바람의 창

기운 해에 보는 하늘
엷은 구름이 가리고
삐뚤은 햇살
그림자 숨긴다
짖던 까치 거짓 짖음인 듯
누가 오나 둘러보니
아무도 안 보이고
바람만 쓸쓸히
마음을 빼앗는다

추워 들어온 홀로의 방
둘러보는 벽걸이에
저게 다 무엇인가
몇 번을 입히고 쥐여 줄 것인지
내려 보는 사진 한 장
청춘을 부른다
좋은 것도 싫은 것도
눈물 콧물 다 마르고
바람까지 장단 맞춰
창문을 흔든다

젊어 흔들림은

바람이 흔드는 것이고
늙어 듣는 소리는
세월이 흔드는 것인가
삐걱대는 대문까지
빗장 풀며 거짓하고
그 세월 다 부르니
이 빠진 백발 청춘
한목에 스쳐 간다

사랑방의 선달

이웃에서 태어나
함께 살아온 어르신
동네 이야기 바깥 이야기
농사일에 집집마다
그 사정 다 나눈다

눈 쌓인 문밖 마당
군불 때놓은 사랑방
어느 집 이야기를 빼놓을 수 있을까
고향 떠난 집부터
이사 온 집까지

시집 장가에 제삿날
모든 참견의 이야기로
하루를 보낸다
멍석 짜고 새끼 꼬며
그 이야기를 나눈다

심부름 보낸 아이들
돌아올 때가 됐나
문밖 내다보며
기다리는 어른들

이 아이들 언제 오나

미꾸라지는 잡았나 새우 좀 건져내고
그 다랑이 논 웅덩이 푸면
새우 양재기나 건질 것 같고
논두렁 밑 뒤지면 미꾸라지
그릇이나 잡을 것 같은데

이 도서의 국립중앙도서관 출판예정도서목록(CIP)은 서지정보유통지원시스템 홈페이지(http://seoji.nl.go.kr)와 국가자료공동목록시스템(http://www.nl.go.kr/kolisnet)에서 이용하실 수 있습니다. (CIP제어번호 : CIP2017005732)

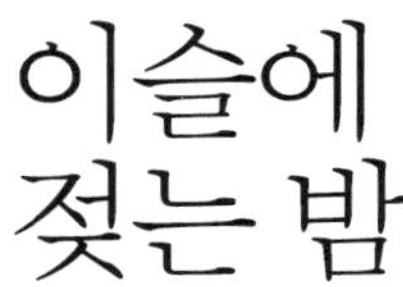

초판 1쇄 발행 2017년 3월 27일

지은이 이원문 **펴낸이** 임정일
책임 임병천 **편집** 김지해, 김수경 **디자인** 이동헌

펴낸곳 책나무출판사
출판신고 2004년 4월 22일(제318-00034)

주소 서울시 영등포구 신길3동 325-70 3F
전화 02-338-1228 **팩스** 0505-866-8254
홈페이지 www.booktree.info

ISBN 978-89-6339-515-9 03810